A ARTE DE ESCOLHER
Os Segredos para Viver uma Vida Única, Autêntica e Plena

Fabio Martins Romero

Este livro é dedicado para minha amada esposa Juliana. E aos nossos 3 filhos queridos, Gabriel, Lucas e Miguel. Vocês são as maiores inspirações para as minhas escolhas.

Fabio Romero

SUMARIO

AQUECIMENTO

Gratidão pela Família

Eu não poderia começar essa obra de forma diferente. Todas as escolhas importantes na minha vida são tomadas SEMPRE junto dos meus familiares queridos.

E posso afirmar com toda a segurança desse mundo, que o melhor lugar para aprender a **ARTE DE ESCOLHER**, é no nosso lar junto daqueles em que mais confiamos e que mais amamos.

Pense comigo. Qual é o melhor local para aprender, praticar, e aprimorar os conceitos Escolhas, Consequências, Resultados e Aprendizados?

Junto de nossa família, vivemos tantas mudanças, tantas emoções, "Tudo junto e misturado".

E mesmo com toda a turbulência que há em todo e qualquer ambiente familiar, é no nosso lar e próximo aos nossos familiares que desenvolvemos a nossa a nossa habilidade de fazer boas escolhas.

Algo que eu acredito muito e menciono algumas vezes nesse livro:

"Não existe Vida Profissional, Vida Financeira, ou Vida Pessoal.
DEUS nos deu apenas uma ÚNICA Vida.
E cabe a cada um de nós encontrar o equilíbrio entre emoção e razão para fazer boas escolhas e viver plenamente nossa ÚNICA VIDA." – Fabio Martins Romero

Nossos familiares são os maiores e melhores mentores que podemos ter ao longo de nossa jornada.

Afinal, nós escolhermos trabalhar para viver. E não viver para trabalhar. Se você ainda tem dúvidas sobre isso, você precisa parar e calibrar o seu propósito de vida. Pois ela passa rápido, mais rápido do que você imagina.

Todas as nossas conquistas devem ser celebradas com a nossa família. Pois ela é parte integrante, contínua e de extrema importância para nosso equilíbrio na esfera da pessoa integral: **Corpo, Mente, Coração e Espírito.**

Se vencemos, nossa família celebra conosco as vitórias. Se perdemos, nossa família nos conforta, para que possamos recompor as energias necessárias e erguer a cabeça para seguir adiante.

Quando viajamos a trabalho ou passamos horas estudando por noites e noites, são eles que, com paciência aguardam nossa disponibilidade.

Empregos e projetos vêm e vão, mas os verdadeiros laços familiares são duradouros e poderosos.

Criar o balanço perfeito entre a atenção familiar e a concorrida rotina de trabalho não é fácil. E eu não acredito que exista uma fórmula padrão ou uma receita mágica, que possa ser usada por todos, e que traga o mesmo resultado para todos.

Mas realmente acredito que cada um pode encontrar o seu melhor balanço, começando com boas escolhas e com a **gratidão pela família.**

Não importa em que fase da vida você está. Se você mora com os pais, ou se você é casado. Se você tem filhos ou não. Ou ainda, se foi criado por tios ou por outras pessoas que passaram a ser sua família.

O importante é reconhecer que sua fortaleza vem das bases familiares, e que eles são merecedores da sua gratidão e do seu respeito.

A cada pequena vitória em minha trajetória, seja na esfera pessoal ou profissional da minha _Única Vida_, eu agradeço a DEUS pela família que me recebeu nesse mundo.

Agradeço pelos meus pais queridos e irmãos maravilhosos. E sou eternamente grato pela esposa amada e dedicada, que ao longo dos nossos mais de 22 anos juntos SEMPRE foi meu porto seguro, e que com muito carinho cuida tão bem de nossos 3 filhos queridos.

Eles são os melhores mentores que eu tenho em minha vida. Aprendo e modelo minhas escolhas através da influência positiva deles. Pois é deles que recebo os maiores ensinamentos todos os dias.

No nosso lar praticamos literalmente a filosofia da **A ARTE DE ESCOLHER**, sempre com muito carinho e respeito recíproco.

Minha gratidão pela família é eterna e isso me fortalece muito para ser uma pessoa melhor, fazendo escolhas mais sábias.

"Hoje melhor do que ontem, e amanhã melhor do que hoje. Sempre JUNTOS"
Esse é nosso lema!

No ambiente familiar praticamos o exercício de tomada de decisões todos os dias, assim como análise e resolução de problemas em conjunto, onde cada escolha gera uma consequência para todos. E não há certo ou errado. O que há é muito aprendizado.

Saiba reconhecer a importância de sua família em suas conquistas e tenha gratidão!

O universo irá conspirar a seu favor.

Gratidão pela minha família! Eles são os maiores merecedores das "nossas" conquistas.

INTRODUÇÃO

Vivemos em um mundo repleto de escolhas. Desde as mais simples, como o que comer no café da manhã, até as mais complexas, como decisões de carreira e relacionamento.

Cada escolha que fazemos molda o curso das nossas vidas.

A Arte de Escolher é um tema central que nos acompanha diariamente, mas muitas vezes passamos por ele sem a devida reflexão.

Neste livro, vamos explorar juntos como nossas escolhas impactam não apenas nossas vidas, mas também as vidas das pessoas ao nosso redor.

As escolhas que fazemos têm consequências. Elas podem nos levar a caminhos de sucesso e realização ou, se não forem bem pensadas, podem resultar em arrependimentos e frustrações.

Portanto, a capacidade de fazer escolhas conscientes e deliberadas é fundamental para alcançarmos nossos objetivos e vivermos de acordo com nossos valores.

Neste sentido, entender o processo de tomada de decisões e os fatores que influenciam nossas escolhas é crucial para o nosso desenvolvimento pessoal.

Além disso, não basta apenas decidir, precisamos **agir**.

A ação é o elo que transforma intenções em resultados tangíveis.

Ao longo deste livro, discutiremos a importância de agir de acordo com nossas decisões, e como a falta de ação pode nos manter presos em ciclos de estagnação.

Vamos explorar como a responsabilidade pelas nossas escolhas, e a adoção de hábitos saudáveis, podem nos ajudar a criar uma vida mais significativa e alinhada com nossas aspirações.

Este livro é uma jornada de autodescoberta e empoderamento. Com base em uma experiência de vida repleta de escolhas, consequências, resultados e aprendizados.

Ao longo dos capítulos, você encontrará insights, reflexões e exercícios práticos que o ajudarão a compreender melhor suas escolhas e a agir de forma mais consciente.

Prepare-se para explorar o impacto das emoções na tomada de decisões, a importância da inteligência emocional, e como o aprendizado contínuo pode moldar o seu caminho.

Ao final desta leitura, esperamos que você se sinta inspirado a abraçar **A Arte da Escolher**, reconhecendo que, a cada decisão, você tem a oportunidade de moldar sua vida e influenciar positivamente o mundo ao seu redor.

Vamos juntos nessa jornada de descobertas, aprendizados e ações transformadoras.

CAPÍTULO 1: O SIGNIFICADO DE ESCOLHER

Escolher é algo que fazemos constantemente, seja de forma consciente ou inconsciente. A cada escolha, estamos moldando o curso da nossa vida e expressando nossos valores, crenças e desejos mais profundos.

Tomar uma decisão é mais do que uma simples ação.

Tomar uma decisão é um ato de liberdade e autodefinição.

É a oportunidade de votar, diariamente, na pessoa que queremos ser.

Cada decisão que você toma é um voto para a pessoa que você deseja se tornar.

Como você tem usado esse poder?

Escolhas Conscientes e Inconscientes

Nem todas as nossas escolhas são feitas conscientemente.

Muitas vezes, somos guiados por hábitos ou pressões externas que nos empurram em direções que nem percebemos.

Porém, quando trazemos **atenção** e **intenção** para as decisões, conseguimos transformar nossa vida com clareza e propósito.

Escolher conscientemente é reconhecer e assumir o poder de transformar pequenas ações em passos decisivos.

Pense em uma escolha cotidiana, como por exemplo, o que você decide comer. À primeira vista, parece uma decisão banal, mas ela influencia sua saúde, energia e até autoestima.

Agora, imagine como uma escolha consciente sobre sua alimentação, repetida ao longo do tempo, poderia impactar positivamente sua qualidade de vida.

Este simples exemplo mostra o potencial de crescimento em cada decisão que tomamos.

A Responsabilidade de Nossas Decisões

Escolher significa também assumir a responsabilidade pelo caminho que decidimos trilhar. Isso pode parecer pesado, especialmente quando as consequências envolvem grandes mudanças.

Mas essa responsabilidade é uma dádiva. Ela nos dá o controle sobre nossas vidas. Aceitar que somos responsáveis por nossas escolhas abre a porta para o autoconhecimento e a autonomia.

Reflita sobre uma escolha que fez nos últimos dias.

Ela foi tomada de forma consciente?

Como você se sentiu depois?

Se pudesse escolher de novo, o que faria diferente?

Qual foi o ouro garimpado dessa escolha?

O que você aprendeu com ela?

Esse exercício ajuda a trazer as escolhas para um nível pessoal e faz com que você, leitor, esteja ativamente engajado na descoberta do seu poder de decisão.

Lembre-se:

"Não existe certo ou errado, existe ESCOLHAS e CONSEQUENCIAS, e o APRENDIZADO de cada experiência vivida."

Escolhas como caminho para Autodescoberta

Cada escolha oferece uma chance de nos conhecermos melhor. Perguntar a si mesmo - "Por que estou escolhendo isso?" - revela muito sobre nossas crenças, nossos valores e até nossos medos.

Com esse processo, encontramos quem realmente somos e o que desejamos para nós mesmos.

Escolher fazer o que é certo, mesmo quando ninguém está fazendo, continua sendo a escolha certa.

Escolher fazer o que é errado, mesmo quando todos estão fazendo, continua sendo a escolha errada.

Suas Escolhas devem estar alinhadas aos seus valores, ao seu propósito.

Em julho de 2022, eu e minha família querida estávamos diante de uma difícil decisão. Aceitar ou não uma proposta de trabalho e ter uma experiencia profissional e pessoal de viver em um outro pais.

Escolhermos seguir por esse novo caminho, mesmo com todas as incertezas.

Toda grande escolha também envolve grandes renúncias.

Essa escolha teve consequências, resultados, e muito aprendizado.

Essa escolha nos levou a um crescimento pessoal imenso, desenvolvendo resiliência, novos aprendizados e coragem.

Cada decisão traz a oportunidade de autodescoberta, revelando partes de nós que desconhecíamos.

O Impacto das Pequenas e Grandes Escolhas

Tendemos a valorizar mais as grandes escolhas, como uma mudança de cidade ou a decisão de começar um novo relacionamento por exemplo, mas são as pequenas escolhas diárias que criam as bases da nossa vida.

É o somatório dessas pequenas decisões que, ao longo do tempo, se transformam em algo grandioso.

Dedicar cinco minutos do seu dia para refletir sobre suas metas ou reservar um tempo para o autocuidado são pequenas escolhas, mas que, feitas diariamente, podem criar um efeito transformador.

Cada um desses minutos se torna um passo em direção a uma versão mais plena e realizada de si mesmo.

Quando alinhamos nossas escolhas ao nosso propósito, a vida ganha significado.

Com um propósito bem definido, cada decisão, por menor que seja, nos aproxima do caminho de realização.

Esse alinhamento é o que transforma escolhas comuns em passos significativos na jornada do autoconhecimento e autorrealização.

Suas escolhas de hoje estão levando você na direção do seu propósito?

CAPÍTULO 2: O CICLO DAS ESCOLHAS

Decisão →Consequência →Resultado →Aprendizado

O Processo Cíclico das Escolhas

Cada escolha desencadeia um ciclo que molda nossa vida. Esse ciclo é composto por quatro etapas interligadas:

1.Decisão.
2.Consequência.
3.Resultado.
4.Aprendizado.

Ao compreendermos cada uma dessas etapas, ganhamos clareza e poder para tomar decisões que realmente nos aproximem de nossos objetivos.

A cada decisão que tomamos, abrimos portas e fechamos outras. Entender esse ciclo nos permite navegar com mais segurança por nossas escolhas e suas implicações.

Decisão: O Início do Ciclo

Toda escolha começa com uma decisão. O ponto em que tomamos uma posição e agimos.

Esta etapa é marcada pelo momento de escolha consciente, em que definimos um objetivo ou um caminho a seguir.

É crucial que nesta fase consideremos nossos valores, desejos e as informações disponíveis, pois essas decisões moldam não apenas o presente, mas também o futuro.

Ter clareza sobre o que realmente queremos, ajuda a tomar decisões mais alinhadas com nossos objetivos.

Muitas vezes, as decisões são influenciadas por fatores externos, como a opinião dos outros ou as expectativas sociais.

No entanto, é fundamental que nos conectemos com nossa própria voz interior, para que as escolhas feitas sejam autênticas.

Consequência: O Impacto da Decisão

Após a decisão, vem a consequência, que é o resultado imediato da escolha que fizemos. Cada decisão gera consequências, que podem ser positivas ou negativas.

Essa etapa nos ensina a importância de refletir sobre as implicações de nossas escolhas.

Uma consequência pode se manifestar de várias formas, como por exemplo mudanças em nossos relacionamentos, oportunidades de crescimento, ou até mesmo desafios inesperados.

É vital que, ao avaliarmos as consequências, não apenas consideremos o que ocorreu superficialmente, mas também o que essas consequências significam em um contexto mais amplo.

Como essa decisão afetou não apenas a mim, mas também aqueles ao meu redor?

Resultado: A Realidade da Escolha

O resultado é a terceira etapa do ciclo, onde observamos os efeitos de nossas decisões e consequências ao longo do tempo. Aqui, analisamos se a escolha inicial nos levou ao resultado desejado.

Essa etapa nos oferece uma oportunidade valiosa para avaliar e medir o sucesso da nossa decisão. É um momento de honestidade e autocrítica, em que devemos olhar para o que funcionou e o que não funcionou.

É importante lembrar que nem todos os resultados atendem às nossas expectativas.

Algumas decisões podem resultar em frustrações ou desilusões, mas mesmo esses resultados são oportunidades de aprendizado.

Eles nos ensinam resiliência e nos preparam para decisões futuras.

Tem que saber garimpar o ouro de cada experiência vivida.

Aprendizado: A Sabedoria Adquirida

Finalmente, chegamos à etapa do aprendizado, onde refletimos sobre toda a experiência. O aprendizado é o que realmente fecha o ciclo das escolhas.

É aqui que internalizamos o que vivenciamos, transformando experiências em conhecimento.

Ao analisar nossos resultados e as consequências de nossas decisões, adquirimos insights valiosos, que nos ajudam a refinar nosso processo de tomada de decisão.

Essa etapa é fundamental para o crescimento pessoal.

Aprender com os erros e acertos nos permite fazer escolhas mais informadas no futuro.

A cada ciclo completado, nos tornamos mais sábios e mais habilidosos em navegar pelas complexidades da vida.

O Ciclo em Movimento

O ciclo das escolhas é um processo contínuo e dinâmico. Ao reconhecermos e respeitarmos cada etapa, podemos viver de forma mais intencional e consciente.

Cada decisão que tomamos é uma oportunidade de crescimento, e ao aprender a manejar esse ciclo, nos tornamos protagonistas de nossas vidas.

A natureza cíclica das escolhas nos convida a refletir, aprender e evoluir.

Ao adotar essa mentalidade, transformamos cada decisão em um passo significativo na construção de uma vida autêntica e realizada.

A Influência das Emoções nas Decisões

Emoções desempenham um papel central em nossas decisões. Muitas vezes, as escolhas que fazemos são guiadas pela emoção do momento, como o medo, a felicidade, a tristeza ou a ansiedade.

Embora emoções possam ser poderosas fontes de insight, elas também podem nos levar a escolhas impulsivas, e a resultados que talvez não desejemos a longo prazo.

Aprender a observar e compreender nossas emoções nos ajuda a tomar decisões com mais clareza.

Decisão ➔Consequência ➔Resultado ➔Aprendizado

Em 2012, eu tomei a decisão de aceitar uma proposta de trabalho e mudar de empresa após 11 anos de muito esforço e aprendizado.

Escolhi pelo novo e incerto, e abandonei o conhecido e seguro. As consequência e resultados de curto prazo não foram 100% conforme o esperado.

Mas estávamos planejados e preparados. E as possíveis consequência já estavam previamente mapeadas.

Pivotamos algumas ações e fizemos novas escolhas para ajustar a rota em busca dos resultados esperados.

Não podemos fugir do compromisso das escolhas, elas estão presentes em nossas vidas 100% do tempo.

Acordar agora? Ou ficar mais 15 minutinhos na cama? *-Qual a consequência de cada uma dessas opções? Qual delas te coloca mais perto dos seus objetivos?*

Tomar um café mais reforçado, com calma e ver as notícias? Ou tomar um cafezinho rápido e logo sair para a rotina do dia a dia?
-Qual a consequência de cada uma dessas opções? Qual delas te coloca mais perto dos seus objetivos?

Ficar navegando em redes sociais? Ou ler um livro que vai te trazer clareza para o momento que vive, e a te preparar melhor para as suas escolhas?
-Qual a consequência de cada uma dessas opções? Qual delas te coloca mais perto dos seus objetivos?

Trocar de carro por um modelo mais novo? Ou investir o dinheiro e ficar mais um tempo com o carro atual?
-Qual a consequência de cada uma dessas opções? Qual delas te coloca mais perto dos seus objetivos?

A **Arte de Escolher** é simples como nos exemplos citados, mas não é simplista em sua essência.

A razão e a emoção muitas vezes são conflitantes e não sabemos para qual lado ir.

Uma dica, que talvez sirva para você assim como serve para mim quando tenho que tomar decisões.

"Quem faz o que quer é criança.
Adulto faz o que precisa ser feito."

E essa responsabilidade de escolher fazer o que precisa ser feito para chegar em seus objetivos é SÓ SUA.

CAPÍTULO 3: O PODER DA RACIONALIDADE NAS DECISÕES

Uma visão mais equilibrada e objetiva.

Quando usamos a lógica e a análise para decidir, temos mais controle sobre as consequências. A racionalidade nos permite avaliar os prós e contras e ver a situação de maneira mais ampla.

Contudo, uma abordagem puramente racional pode desconsiderar aspectos emocionais que são essenciais para nossa satisfação pessoal e felicidade.

Imagine alguém recebendo uma oferta de trabalho em outra cidade. Uma decisão puramente emocional pode focar no entusiasmo de uma mudança, enquanto uma decisão racional consideraria aspectos práticos, como os custos e o impacto na família.

Em um ambiente de manufatura, onde se gerencia fluxos, estândares e processos, normalmente a emoção deve ser colocada no banco de reservas para que se possa tomar decisões com base em dados, sem emoções ou subjetividades.

O Equilíbrio Entre Razão e Emoção

O verdadeiro poder da escolha surge quando conseguimos equilibrar emoção e razão.

É o momento em que ouvimos nossos sentimentos sem permitir que eles nos controlem, ao mesmo tempo em que usamos a lógica para guiar o processo de decisão.

Esse equilíbrio transforma a decisão em um ato de sabedoria, que respeita tanto os desejos do coração quanto a análise do cérebro.

Da próxima vez que você precisar tomar uma decisão, experimente fazer uma comparação entre esses dois pontos:

1. O que eu sinto?

2. O que faz mais sentido?

Compare ambos e procure um equilíbrio entre o que você deseja emocionalmente e o que considera lógico.

Escolhas Impulsivas vs. Escolhas Ponderadas

Escolhas impulsivas ocorrem quando deixamos que nossas emoções momentâneas decidam por nós, sem reflexão.

Já as escolhas ponderadas surgem de uma análise mais calma e detalhada.

Embora haja situações em que uma decisão rápida seja necessária, muitas vezes as escolhas ponderadas trazem mais satisfação e menos arrependimentos.

Considere a história de alguém que, em um momento de frustração, decidiu abandonar um projeto importante.

Mais tarde, essa pessoa percebeu que, se tivesse dado a si mesma tempo para refletir, poderia ter encontrado uma solução para os desafios que enfrentava.

Você já passou por algo parecido? Provavelmente sim.

Escolhas impulsivas podem levar a arrependimentos, enquanto escolhas ponderadas tendem a gerar resultados mais positivos.

Construindo Consciência Emocional para Escolhas Inteligentes

A chave para tomar decisões equilibradas é desenvolver a autoconsciência emocional. Quando reconhecemos nossas emoções e entendemos seu impacto, podemos escolher com mais sabedoria.

A autoconsciência nos permite reconhecer sentimentos intensos sem sermos dominados por eles, ajudando a manter o foco no que realmente importa.

Ao tomar uma decisão importante, pergunte a si mesmo:

Quais são as emoções envolvidas?

Estou reagindo a essa situação?

Ou respondendo a ela com clareza de forma consciente e racional?

Caminho do Equilíbrio para Decisões Duradouras

Decisões que equilibram razão e emoção tendem a ser as mais duradouras.

Elas respeitam nossas necessidades emocionais e, ao mesmo tempo, refletem nossa capacidade de análise e prudência.

Esse equilíbrio nos conduz a uma vida com menos arrependimentos e mais satisfação, pois estamos alinhados tanto com nossos desejos quanto com nossas responsabilidades.

As melhores escolhas surgem da harmonia entre o que sentimos e o que sabemos.

Ao integrar razão e emoção, transformamos decisões em passos conscientes rumo a uma vida plena e equilibrada.

"Não existe Vida Profissional, Vida Financeira, ou Vida Pessoal.
DEUS nos deu apenas uma ÚNICA Vida.
E cabe a cada um de nós encontrar o equilíbrio entre emoção e razão para fazer boas escolhas e viver plenamente nossa ÚNICA VIDA."

CAPÍTULO 4: INFLUÊNCIAS INTERNAS E EXTERNAS NAS NOSSAS ESCOLHAS

As Forças Externas que Moldam Nossas Decisões

Muitas vezes, nossas escolhas são influenciadas por fatores externo, como expectativas familiares, normas sociais, o ambiente de trabalho, amigos, redes sociais, artistas, influenciadores digitais, atletas, e a lista segue longa.

Esses fatores podem nos motivar ou nos pressionar a tomar decisões que nem sempre estão alinhadas com o que realmente queremos.

Entender a influência dessas forças externas é essencial para tomar decisões que reflitam nossa verdadeira essência.

Quantas de suas escolhas foram influenciadas pelo que outras pessoas esperavam de você?

Como você pode filtrar essas influências para que elas não direcionem sua vida?

Não podemos permitir, consciente ou inconscientemente, que as expectativas de outras pessoas influenciem as nossas escolhas.

As Forças Internas: *Valores, Crenças e Desejos*

Além dos fatores externos, nossas escolhas também são moldadas por forças internas, como nossos **valores, crenças e desejos**.

Esses elementos são o núcleo da nossa identidade e determinam o que consideramos importante.

Quando nossas decisões refletem essas forças internas, sentimos um alinhamento mais profundo e uma satisfação genuína, pois estamos agindo de acordo com quem realmente somos.

Uma pessoa que valoriza a liberdade pode ser mais propensa a buscar um trabalho autônomo ou flexível, enquanto alguém que valoriza a estabilidade pode preferir um emprego que garanta uma sensação com segurança.

Encontrando o Equilíbrio Entre as Forças Externas e Internas

O desafio de tomar decisões autênticas é encontrar um equilíbrio entre as influências externas e internas.

Isso significa escutar conselhos e considerar opiniões externas, mas sem deixar que essas vozes abafem o que é importante para nós.

O equilíbrio nos ajuda a fazer escolhas que não apenas respeitam o mundo ao nosso redor, mas que também nos trazem satisfação e realização.

Quando precisar tomar uma decisão importante, faça duas perguntas a si mesmo:

1. Essa escolha reflete meus valores e desejos?

2. Estou sendo influenciado por opiniões ou expectativas externas?

Tente equilibrar as respostas para encontrar uma direção autêntica, que faça sentido para você, e não para os outros.

Superando a Pressão Social e Seguindo a Própria Jornada

A pressão social é uma das forças externas mais desafiadoras. Muitas vezes, seguimos o que a sociedade define como "caminho certo" e acabamos negligenciando nossas aspirações pessoais.

Para seguir o próprio caminho, é preciso coragem e autoconhecimento. Tomar decisões autênticas, mesmo que vá contra a corrente, nos ajuda a criar uma vida mais significativa e alinhada com quem realmente somos.

Pense em uma jovem que sempre quis seguir uma carreira artística e enfrentou resistência da família, que desejava para ela uma carreira mais tradicional. Ao decidir seguir sua paixão, ela encontrou realização e sucesso.

Agora pense nessa mesma jovem que sempre quis seguir uma carreira artística e enfrentou resistência da família, que desejava para ela uma carreira mais tradicional.

Ao decidir ceder a influência familiar, ela se formou como a família desejava, encontrou um trabalho até que estável como a família desejava. A família ficou superfeliz e realizada, mas essa jovem está sempre frustrada e com aquela pergunta matadora na cabeça:

"E se eu tivesse escolhido o outro caminho? Como estaria agora?"

A superação da pressão social pode nos levar a uma vida autêntica e gratificante.

Ouça os conselhos dos seus pais, afinal eles só querem o melhor para você. Mas assuma as responsabilidades pelas suas escolhas.

CAPÍTULO 5: AUTOAFIRMAÇÃO NAS DECISÕES

A importância de moldar o seu mapa mental

Para manter nossas escolhas alinhadas com nossos valores internos, precisamos desenvolver a autoafirmação.

Isso significa reconhecer e afirmar o que realmente queremos e precisamos, mesmo diante das expectativas externas.

A autoafirmação fortalece nossa capacidade de tomar decisões que respeitam nossa essência, proporcionando uma sensação de paz e satisfação.

Diante de uma escolha, pergunte-se:

Essa decisão representa o que eu realmente quero?

Ou estou tentando atender às expectativas de outras pessoas?

Reafirme o que você deseja, e comprometa-se a agir conforme sua resposta.

Não é uma escolha fácil, mas é uma escolha possível.

Conectando-se com a Autenticidade e o Propósito

Saber tomar decisões baseadas em nossas forças internas, em vez de ceder às influências externas, é o caminho para uma vida autêntica e significativa.

Quando alinhamos nossas escolhas com nossos valores e propósito, encontramos um sentido maior em cada decisão e criamos uma trajetória de vida que reflete quem realmente somos.

Permita-se seguir o próprio caminho e fazer escolhas que respeitem sua essência.

Ao ouvir a sua voz interior, você descobre o poder de tomar decisões autênticas e alinhadas com seu propósito

CAPÍTULO 6: CONSEQUÊNCIAS DAS NOSSAS ESCOLHAS

Encarando Resultados e Aprendendo com Eles

Compreendendo as Consequências

Cada escolha que fazemos vem acompanhada de consequências. Algumas delas são imediatas, enquanto outras podem levar tempo para se manifestar.

Compreender que toda decisão gera um efeito colateral é essencial para cultivarmos a responsabilidade por nossas ações.

As consequências podem ser emocionais, físicas, sociais ou financeiras, e reconhecê-las é o primeiro passo para lidar com elas de maneira construtiva.

Pense em uma escolha recente.

Quais foram as consequências que você experimentou?

Você estava preparado para enfrentá-las?

Qual foi o aprendizado? Qual foi o ouro garimpado?

Aceitando a Responsabilidade pelas Nossas Ações

Assumir a responsabilidade pelas consequências de nossas escolhas é um sinal de maturidade e crescimento.

Isso significa reconhecer não apenas os resultados positivos, mas também aqueles que não atendem às nossas expectativas.

Ao aceitar a responsabilidade, abrimos espaço para o aprendizado e a evolução, em vez de cair na armadilha de culpar fatores externos.

Considere alguém que decidiu mudar de carreira, mas acabou enfrentando dificuldades financeiras temporárias.

As consequências de curto prazo não foram mapeadas no momento da escolha e agora novas escolhas precisam ser feitas para pivotar as ações e ajustar o foco na direção do resultado esperado.

Aceitar essa consequência como parte do processo ajuda a pessoa a planejar melhor o futuro, em vez de se sentir derrotada.

Lidar com Consequências Negativas

Quando enfrentamos consequências negativas, é fácil cair na frustração e no desânimo. No entanto, é nesse momento que temos a oportunidade de crescer. Essa é a tal Zona de Desconforto.

Lidar com resultados indesejados requer coragem, resiliência e uma atitude proativa. Em vez de lamentar, podemos perguntar a nós mesmos:

O que posso aprender com essa situação?

Como posso me adaptar e melhorar?

Assim, quando você tentar novamente, já terá mais informação e conhecimento devido ao ouro garimpado das consequências anteriores.

Diante de uma consequência negativa, faça uma lista de dois ou três aprendizados que você pode extrair dela.

Isso ajudará a mudar a perspectiva e a focar no seu crescimento.

Transformando Consequências em Oportunidades de Aprendizado

Cada consequência traz consigo a semente do aprendizado.

Ao olharmos para as experiências como oportunidades de crescimento, podemos transformar falhas em lições valiosas.

Essa mudança de mentalidade nos capacita a tomar decisões mais informadas no futuro, criando um ciclo contínuo de desenvolvimento pessoal.

Empreendedores que enfrentaram o fracasso em seus primeiros negócios decidem analisar o que deu errado.

Com cada erro identificado, eles aprimoraram suas habilidades e, na próxima tentativa, conseguem construir um empreendimento de sucesso.

Esse simples exemplo, e que realmente vemos em todas as mídias sociais casos de sucesso depois de sucessivas falhas, nos mostra como as consequências, mesmo negativas, podem se tornar trampolins para o sucesso.

A Importância da Reflexão

Refletir sobre as consequências das escolhas é essencial para o aprendizado contínuo. Reserve um tempo após uma decisão importante para avaliar o que ocorreu. Pergunte a si mesmo:

O que funcionou bem?

O que poderia ser melhor?

O que eu faria de diferente na próxima vez?

Como posso ir além na próxima vez?

Quem foram as pessoas impactadas?

Essa prática de reflexão ajuda a criar uma consciência mais profunda e nos prepara para decisões futuras, pois elas nunca desapontam.

As escolhas estão presentes em nossas vidas TODOS os dias.

Se você tem dificuldades de gerencias suas escolhas, pois tem medo das consequências e resultados, e não consegue aprender com elas, faça o seguinte:

Crie um diário ou um bloco de notas de decisões.

Sempre que tomar uma decisão significativa, anote a escolha, as consequências e os aprendizados. Revise regularmente para ver como você evoluiu.

Quando você anota seus compromissos e objetivos, você está documentando e firmando um compromisso com o seu subconsciente de que, isso é algo importante e você vai investir energia nisso.

Eu sempre tenho pelo menos 9 metas anotadas, sendo 3 metas de curto prazo, 3 metas de médio prazo, e 3 metas de longo prazo. Normalmente metas de crescimento pessoal, qualidade de vida, e financeira.

Sempre que avanço em cada uma dessas metas, reviso as consequências, aprendo com elas, ajusto minhas escolhas e calibro minhas ações, e sigo em direção a meta.

Poder das Decisões Conscientes

As decisões conscientes nos permitem moldar nossas vidas de maneira mais intencional.

Quando entendemos as consequências que surgem de nossas escolhas, somos mais capazes de tomar decisões que estejam alinhadas com nossos objetivos e valores.

Essa consciência nos ajuda a agir com mais responsabilidade e a viver de acordo com nossas intenções.

Aceitar as consequências como parte do processo de escolha é um ato de coragem.

Ao transformar experiências em aprendizado, construímos um futuro mais forte e autêntico.

CAPÍTULO 7: EMOÇÕES E ESCOLHAS

O Impacto dos Sentimentos nas Nossas Decisões

Seja VOCÊ o protagonista da sua jornada.

Uma prática poderosa para exercitar Inteligência Emocional, e nos ajudar na preparação para nossas escolhas, é a Escuta Ativa e a prática da empatia.

Ouvindo genuinamente e entendendo as necessidades dos outros, para um posicionamento e escolhas mais adequadas. Integrado em um circuito positivo de geração "ganha-ganha".

Cada pessoa é única, e cada pessoa apresenta necessidades diferentes.

E se essas pessoas não forem ouvidas, não será possível tomar uma decisão inteligente baseada nos interesses e necessidades individuais, para um ganho coletivo e integrado na versão "ganha-ganha".

As pessoas que navegam bem no campo da inteligência emocional, tem a habilidades de fazer a leitura das situações complexas, e que normalmente envolvem relacionamentos, mapeando em cada situação as quatro emoções básicas que estão presentes em cada indivíduo, inclusive em nós mesmos. São elas:

1. Medo.
2. Alegria.
3. Tristeza.
4. Ravia.

Saber quais dessas emoções estão influenciando você nos momentos críticos de decisões e discussões, e quais são os riscos envolvidos de tomar a decisão com a influência de algumas dessas emoções, pode ser crucial para o comportamento que irá ditar sua ação.

Nosso cérebro é um supercomputador.

"As emoções negativas intensas consomem toda a atenção do indivíduo, impedindo qualquer tentativa de atender a outra coisa."
(Daniel Goleman)

Provavelmente você já se sentiu tomado por uma emoção que fez você perder o controle. Onde fez ou disse coisas das quais logo se arrependeu.

Isso ocorre porque nos momentos de emoções intensas, seu cérebro é sequestrado momentaneamente pela sua amígdala cerebral.

A principal função da amígdala é integrar as emoções com os padrões de resposta correspondentes a elas, seja a nível fisiológico ou comportamental.

Daniel Goleman, autor do Best-Seller Inteligência Emocional, explica em sua obra que o segredo de nos tornarmos irracionais tem a ver com a falta momentânea e imediata de controle emocional, porque a amígdala assume o comando do cérebro.

A área frontal do córtex cerebral é a responsável pelo pensamento lógico e o planejamento de nossas ações, tomando decisões com bases racionais, e não emocionais.

Ao contrário da razão, a amígdala faz parte das estruturas mais primitivas do cérebro, e é a que controla as emoções.

Dessa forma, nosso pensamento lógico fica sujeito ao comando das nossas emoções.

Quando alguém está com alguma das emoções básicas muito aflorada, normalmente a raiva ou a tristeza, e precisa tomar uma decisão importante, é comum alguém por perto fazer a seguinte recomendação:

"Cuidado, primeiro conte até 10 antes de responder algo".

Esta é uma estratégia realmente válida, porque quando começamos a contar, o córtex é ativado.

Como a parte frontal e lógica do cérebro, fica inibida durante o sequestro emocional, contar até 10 funciona como um gatilho, ou como um pagamento de resgate para recuperar a razão e o pensamento lógico.

O Papel da Intuição nas Decisões Emocionais

A intuição, muitas vezes alimentada por nossas emoções, pode ser uma poderosa aliada na tomada de decisões.

Quando confiamos em nossa intuição, muitas vezes estamos respondendo a uma sensação profunda que se baseia em experiências passadas e na nossa sabedoria interior.

No entanto, é crucial equilibrar essa intuição com a lógica e a razão, para garantir que nossas decisões sejam bem fundamentadas.

Na próxima vez que você tiver uma intuição forte sobre uma decisão, faça uma pausa e pergunte a si mesmo:

O que minha intuição está me dizendo?

É baseado em emoções?

Ou em experiências e aprendizados do passado?

Gerenciando Emoções para Decisões Mais Conscientes

Gerenciar as emoções durante a tomada de decisão é uma habilidade que pode ser desenvolvida.

Práticas como a meditação, a respiração profunda e a autorreflexão podem ajudar a acalmar a mente e permitir que você faça escolhas mais equilibradas.

Quando estamos calmos, conseguimos ver as situações com mais clareza e discernir o que é realmente importante para nós.

Em 2022, quando recebemos uma proposta meio que inesperada para trabalhar por um período nos EUA, eu e minha esposa tiramos uma semana de férias e viajamos com os nossos 3 filhos.

Saímos da agitação e turbilhão de informações e pressões externas para colocar os pensamentos no lugar, acalmar o coração, equilibrar razão e emoção, para aí sim fazer uma escolha consciente.

Encontrar um equilíbrio entre emoção e razão é crucial para uma tomada de decisão eficaz.

Enquanto as emoções nos fornecem insights valiosos, a razão nos ajuda a avaliar as consequências e a garantir que nossas escolhas sejam práticas.

Desenvolver essa habilidade de equilíbrio nos permite agir de forma mais consciente e alinhada com nossos valores e objetivos.

Nossas emoções são poderosos guias nas decisões, mas também podem nos desviar do caminho.

Ao gerenciar nossas emoções e buscar um equilíbrio com a razão, podemos tomar decisões que refletem nosso verdadeiro eu e nos aproximam de uma vida significativa e autêntica.

Aprendendo com as Decisões Emocionais

As decisões tomadas em momentos emocionais intensos podem nos ensinar valiosas lições.

Após uma escolha impulsiva que resultou em consequências indesejadas, reflita sobre o que levou àquela decisão.

O que aprendi sobre como minhas emoções influenciam meu julgamento?

Como posso aplicar esse aprendizado em futuras decisões?"

Essa reflexão é uma oportunidade de crescimento e evolução.

CAPÍTULO 8: REFLEXÃO E CRESCIMENTO

Aprendendo com Nossas Decisões

A Importância da Autorreflexão

A autorreflexão é um componente vital no ciclo de escolhas. Dedicar tempo para pensar sobre nossas decisões nos permite avaliar o que funcionou, o que não funcionou e como podemos melhorar.

Essa prática de reflexão não apenas nos ajuda a entender melhor nossas ações, mas também a clarificar nossos valores e objetivos.

Ao refletirmos sobre nossas escolhas, criamos um espaço para o aprendizado e a evolução.

Todos nós, temos que considerar que somos formados por basicamente 4 aspectos fundamentais no cerne da pessoa integral – Corpo, Mente, Coração e Espírito.

1.Corpo (Viver).
Saúde, autoestima, nosso corpo é o nosso templo.

2.Mente (Aprender),
Nessa vida todos somes eternos aprendizes.

3.Coração (Amar),
Relacionamento, amar e ser amado.

4.Espírito (Significado e Contribuição)
Deixar um legado.

O entendimento dessas 4 dimensões NUNCA deve ser negligenciado durante nosso processo de escolhas. Esse entendimento direciona nossas escolhas em rumo aos nossos objetivos.

> *"Não existe Vida Profissional, Vida*
> *Financeira, ou Vida Pessoal.*
> *DEUS nos deu apenas uma ÚNICA Vida.*
> *E cabe a cada um de nós encontrar o*
> *equilíbrio entre emoção e razão para fazer*
> *boas escolhas e viver plenamente nossa*
> *ÚNICA VIDA."*

Essa sabedoria vem no tempo certo para cada um de nós.

> *As pessoas evoluem em faixas de valores*
> *diferentes ao longo da vida.*

Práticas de Reflexão

Existem várias maneiras de praticar a autorreflexão. O journaling (manter um diário), a meditação e as conversas com amigos ou mentores podem ser ferramentas eficazes.

Caminhar, viajar, praticar esportes, ler, escrever. Não há uma fórmula que se aplique bem para todos. Cada uma precisa encontrar o seu estilo para praticar a reflexão.

Ao dedicar tempo para refletir, estamos mais propensos a aprender com nossas experiências e a tomar decisões mais informadas no futuro.

A propósito, nos momentos que você está refletindo, mesmo que de forma inconsciente, você já está moldando as suas escolhas.

Reserve um momento toda semana para revisar suas decisões.

O que você fez bem?

O que poderia ser melhor?

O que deveria ter feito para estar mais próximo de seus objetivos?

Anote suas reflexões e use-as para guiar suas futuras escolhas.

Aprendendo com os Erros

Os erros são uma parte inevitável da vida, mas são também oportunidades valiosas de aprendizado.

Quando enfrentamos falhas, a maneira como reagimos pode determinar nosso crescimento ou o nosso fracasso.

Falhar não é o mesmo que fracassar. Quando falhamos e aprendemos com as situações, estamos mais preparados para as próximas oportunidades.

Fracassamos somente quando desistimos de algo devido a consequências inesperadas das nossas escolhas.

Ao invés de evitar a dor de um erro, devemos nos perguntar:

O que isso me ensinou?

Como posso aplicar essa lição na próxima vez?

Essa mentalidade de aprendizado transforma erros em ferramentas de desenvolvimento e crescimento pessoal.

O Papel da Humildade na Reflexão

A humildade é fundamental para um processo de reflexão eficaz. Reconhecer que sempre podemos aprender e que nossas escolhas nem sempre são perfeitas, nos permite abrir espaço para novas ideias e abordagens.

"Viva a sua única vida com a mentalidade de um eterno estudante. Pois ninguém pode aprender aquilo que acha que já sabe."

Ao abordarmos nossas reflexões com uma mentalidade humilde, nos tornamos mais receptivos ao feedback e às lições que a vida nos oferece.

Vulnerabilidade em aceitar seus erros e as consequências de suas escolhas não é fraqueza, e frequentemente cria confiança e engajamento com as pessoas a sua volta.

"Na nossa única vida, não há nada certo ou errado. Há apenas escolhas, consequências, resultados e muito aprendizado"

Incorporando a Reflexão na Rotina Diária

Para que a reflexão seja eficaz, ela deve ser incorporada à nossa rotina diária. Defina um horário específico para refletir sobre suas decisões.

Isso pode ser ao final do dia ou após uma reunião importante. Ao tornar a reflexão um hábito, você criará uma oportunidade constante para o crescimento e o aprendizado.

Escolha um momento do seu dia para a reflexão. Crie um ambiente calmo e pergunte a si mesmo:

O que aprendi hoje?

Como posso aplicar isso amanhã?

Eu criei alguns hábitos ao longo dos anos que me ajudam muito a fazer escolhas conscientes e ter o sentimento de realização pessoal.

-Pelas manhãs, logo quando acordo, eu faço minhas orações para agradecer pela vida, pela família, pelas oportunidades, pelo pão nosso de cada dia que temos todos os dias. Isso me ajuda a iniciar o dia com GRATIDÃO.

-Antes de iniciar minha rotina no trabalho, faço minha lista de afazeres que preciso ou simplesmente quero cumprir até o final do dia. Isso me ajuda a ser mais PRODUTIVO, moldado minhas escolhas em ruma aos meus objetivos.

-Ao final do dia, quando já estou encerrando a jornada e me recolhendo para descansar. Me faço as seguintes perguntas - Tudo que eu fiz hoje foi o suficiente para justificar mais um dia de vida? Se sim, eu digo "Hoje está pago". Isso me ajuda a alimentar o sentimento de realização, meu PROPÓSITO.

A reflexão não apenas melhora nossas habilidades de tomada de decisão, mas também nos ajuda a nos conhecer melhor.

Ao entender nossos padrões de pensamento e comportamento, podemos identificar áreas em que precisamos melhorar. O autoconhecimento nos capacita a tomar decisões mais alinhadas com quem somos e o que desejamos.

A reflexão é uma ferramenta poderosa para o crescimento pessoal e a tomada de decisões.

Ao dedicar tempo para pensar sobre nossas escolhas, aprendemos, evoluímos e nos tornamos mais conscientes das direções que tomamos na vida.

CAPÍTULO 9: RESPONSABILIDADE

O Poder de Assumir Nossas Escolhas

O Que Significa Assumir Responsabilidade

Assumir a responsabilidade por nossas escolhas significa reconhecer que somos os principais agentes de nossas vidas.

Cada decisão que tomamos, seja grande ou pequena, molda nosso caminho e, portanto, temos o poder de influenciar nosso destino.

Essa consciência nos empodera a agir de forma mais consciente e intencional, transformando nossas vidas de acordo com nossos valores e objetivos. Temos que ser gratos pelo que temos, pois somos o reflexo das nossas escolhas.

> ***"Quem não é grato pelo que tem hoje, talvez não seja merecedor de algo melhor no futuro."***

*Um dia **Bom**, te trará **felicidade**.*
*Um dia **Ruim**, te trata **experiência**.*
*Um dia **Péssimo**, te trará **lições**.*
*Um dia **Excelente**, te trará **memórias**.*

Quando assumimos a responsabilidade por nossas escolhas, abrimos a porta para o crescimento pessoal.

Essa prática nos incentiva a refletir sobre nossas decisões e a aprender com elas, independentemente do resultado.

Ao invés de culpar os outros ou as circunstâncias, encaramos a situação com uma mentalidade de aprendizado, que é fundamental para o desenvolvimento pessoal.

Um exemplo muito comum no ambiente de trabalho, é um líder culpar a equipe pela falha em não entregar um projeto ou não atingir um resultado.

Esse é um líder fraco, sem preparo para liderar pessoas. Nossas equipes são reflexo de nossas lideranças.

Se falhamos é porque as escolhas que fizemos não foram as melhores, ou as ações derivadas dessas escolhas não estavam bem alinhadas com os resultados esperados.

Superando a Mentalidade de Vítima

Uma das barreiras para assumir a responsabilidade é a mentalidade de vítima, onde nos sentimos impotentes e acreditamos que fatores externos controlam nossas vidas.

Essa mentalidade limita nosso crescimento e impede que reconheçamos o poder que temos sobre nossas escolhas.

Ao mudarmos nossa perspectiva e adotarmos a responsabilidade, podemos reescrever nossa narrativa e tomar as rédeas do nosso destino.

Lembre-se: **Escolhas e consequências**

O seu resultado é reflexo das suas escolhas.

As suas escolhas do passado são responsáveis pelo seu estado atual. Aceite que dói menos.

E as suas escolhas a partir desse momento vão moldar o seu futuro.
Assuma total responsabilidade pelas suas escolhas.

Seja protagonista;

O Papel da Autorreflexão na Responsabilidade

A autorreflexão é uma ferramenta vital para cultivar a responsabilidade.

Quando refletimos sobre nossas escolhas e suas consequências, ganhamos clareza sobre o que funcionou e o que não funcionou.

Essa prática nos ajuda a entender como nossas ações afetam nossas vidas e a vida dos outros, permitindo que façamos escolhas mais conscientes no futuro.

Após uma decisão importante, reserve um tempo para avaliar sua responsabilidade.

O que você fez bem?

Deu certo conforme o esperado?

O que poderia ser melhor?

Avalie o que você poderia ter feito para ser melhor, e não julgue ou culpe os demais por falhas e resultados não atingidos. Assuma responsabilidades por suas escolhas.

Seja o criador das circunstâncias, para não ser vítima da situação.

O Empoderamento que Vem da Responsabilidade

Assumir a responsabilidade por nossas escolhas nos empodera a criar a vida que desejamos.

Essa prática nos lembra que temos o controle sobre nossas decisões e que, ao aprender com nossas experiências, podemos moldar nosso futuro de forma mais intencional.

Quando nos tornamos responsáveis, também nos tornamos agentes ativos em nossa própria jornada.

A responsabilidade é um pilar fundamental para a autonomia e o crescimento pessoal.

Ao assumirmos nossas escolhas e suas consequências, nos empoderamos a transformar nossa vida em direção ao que desejamos e merecemos.

"Quem não é grato pelo que tem hoje, talvez não seja merecedor de algo melhor no futuro."

CAPÍTULO 10: OS 4 IMPULSOS ESSENCIAIS

Afinal, todos somos seres humanos

Todos nós, sem exceção, somo afetados diariamente por fatores externos que provocam a reação de algum desses 4 impulsos essenciais.

O primeiro passo é saber que eles existem, e que eles de alguma forma, podem afetar nossas escolhas e nossos resultados.

De alguma forma, todos nós apresentamos alguma combinação de fatores como aprendizagem, reconhecimento, geração de valor, acúmulo de ativos, transparência e clareza, poder, proteção, participação, envolvimento, parcerias e motivação.

Quanto mais claramente você articular o como as suas escolhas satisfazem um ou mais desses impulsos, mais conscientes serão as suas escolhas. São eles:

1 – **O Impulso de Adquirir** – Referente ao desejo de acumular objetos físicos, ou de acumular riqueza, ter status, aumentar a zona de poder e de influência.

Esse impulso sugere que sejamos mais ricos, mais poderosos, mais influentes e com maior e melhor status perante a sociedade.

Escolhemos ter coisas que não precisamos, e que não estão alinhadas como os nossos maiores objetivos.

Todos queremos ter coisas boas, ou coisas melhores. Um carro mais novo. Uma casa maior e mais bem localizada. Roupas de marcas caras.

Claro que todos temos o direito de progredir, mas de forma consciente, é claro. Sem dar um passo maior do que a perna, pois o tombo pode ser catastrófico. Escolhas conscientes.

2 – O Impulso de Formar Vínculos – Referente ao desejo de sentir-se valorizado, reconhecido e amado, formando relacionamentos com outros, sendo esses relacionamentos platônicos, românticos, amizades ou até mesmo relacionamentos de puro interesse e bem explícitos.

Normalmente esse impulso é característico de profissionais nos seguimentos de prestação de serviços, vendas, recursos humanos, compras e áreas afins, onde a rede de relacionamentos é a chave para o sucesso.

Arrisco a dizer que uma boa rede de relacionamento é a chave de sucesso para qualquer seguimento.

Todos nós gostamos de ser individualmente valorizados como parte de algum clã. Traz um sentimento de pertencimento, de respeito, e de ser importante para alguém.

Escolha relacionamentos que estejam alinhados aos seus valores.

3 – O Impulso de Aprender – Referente ao desejo de satisfazer a nossa curiosidade. Programas de liderança em grandes empresas destacam-se pela prática de captar talentos e por disponibilizar programas internos de aprendizagem, incentivo à leitura, treinamentos externos, etc.

Pessoas com escolhas alinhadas a seus objetivos estão sempre aprendendo, todos os dias, e em todas as situações.

Além de notar e incentivar aqueles que apresentam o impulso de aprender de forma mais aflorada.

Temos que ter a mente de um eterno aprendiz, aprendendo sempre e com todos. Pois ninguém pode aprender aquilo que acha que já sabe.

4 – **O Impulso de Defender** – Referente ao desejo de nos proteger, ou de proteger nossos familiares, e nossos amigos. Além de defender os bens materiais adquiridos e acumulados, frutos de muita dedicação e trabalho.

Apresentados em níveis menores ou maiores em cada indivíduo, mas seguramente todo ser humano tem esse impulso, e que nesse caso específico, pode ser colocado até mesmo como um instinto.

Escolher morar em um condomínio fechado e pegar taxa de condomínio é um ato de defesa – Escolher pagar o condomínio está alinhado com os valores e objetivos de muitas pessoas, para garantir mais segurança para a família e para os bens materiais.

Em muitos estados dos EUA, é normal as famílias terem armas em suas casas, mesmo sem saber utilizá-las corretamente. A escolha de ter a arma em casa traz consequências, porém é algo cultural e influenciado pelo impulso de defender a família.

"Compreender as necessidades Humanas são meio-caminho andado para satisfazê-las" - Adlai Stevenson

Se é sabido que esses impulsos estão presentes diariamente na mente de todos, não podemos negligenciar o fato de que eles precisam ser gerenciados, pois influenciam diretamente as nossas escolhas.

Sempre que um indivíduo apresentar uma necessidade não satisfeita em uma ou mais dessas áreas, seguramente essa pessoa não estará completa em sua essência, e dificilmente estará comprometida em fazer escolhas conscientes em busca dos resultados e objetivos esperados.

Para facilitar decisões mais conscientes, é importante criar um ambiente que promova a clareza e o foco.

Isso pode incluir organizar seu espaço de trabalho, limitar distrações digitais e escolher cuidadosamente com quem passar o tempo.

Ao fazer isso, aumentamos nossa capacidade de refletir e avaliar nossas opções de maneira mais objetiva.

Vamos pensar em um estudante que tinha dificuldade em se concentrar e decidiu reorganizar seu espaço de estudo, removendo distrações e criando um ambiente tranquilo.

Como resultado, ele se sentiu mais produtivo e capaz de tomar decisões acadêmicas mais acertadas.

A Influência das Pessoas ao Nosso Redor

O impulso de estar conectado nas redes sociais é algo real, atual, e que tem afetado a escolha e o desenvolvimento de muitos jovens.

O tempo conectado em rede sociais precisa ser gerenciado, pois essa influência digital afeta diariamente a qualidade das escolhas de muitas pessoas.

As pessoas com quem interagimos têm um papel significativo em nossas escolhas. Isso pode ser tanto positivo quanto negativo.

Amigos, familiares, colegas de trabalho e influenciadores digitais, podem influenciar nossas decisões, às vezes sem que percebamos.

É essencial cercar-se de pessoas que apoiam seus objetivos e valores, pois isso pode nos ajudar a tomar decisões que estejam alinhadas com quem realmente somos.

O Papel da Cultura nas Nossas Escolhas

A cultura em que estamos inseridos molda nossas crenças e comportamentos, influenciando as escolhas que fazemos.

As normas sociais, tradições e valores culturais podem nos direcionar a certas decisões, algumas vezes sem que percebamos.

Compreender essas influências culturais é crucial para tomar decisões mais conscientes e autênticas.

Pense em uma mulher que cresceu em uma cultura que priorizava carreiras tradicionais. Porém, decidiu seguir seu sonho de ser artista.

Embora enfrentasse resistência de amigos e familiares, ela encontrou apoio em comunidades que valorizavam a criatividade.

Ao se cercar de pessoas que compartilham seus interesses, ela conseguiu fazer escolhas alinhadas com sua verdadeira paixão e atingiu seus objetivos.

Adaptando o Ambiente às Nossas Necessidades

Mudar nosso ambiente para melhor atender às nossas necessidades é uma maneira eficaz de influenciar positivamente nossas escolhas. Isso pode incluir a criação de rotinas, o uso de lembretes visuais ou a busca por um espaço que promova bem-estar.

Ao adaptar nosso ambiente, nos tornamos mais propensos a tomar decisões que refletem nossos valores e objetivos.

O Equilíbrio entre Influência Externa e Autonomia

Embora o ambiente e as influências externas desempenhem um papel importante em nossas escolhas, é essencial manter nossa autonomia.

Devemos ser proativos em refletir sobre o que realmente queremos e fazer escolhas que estejam alinhadas com nossos valores e objetivos, independentemente das pressões externas.

Encontrar esse equilíbrio é fundamental para a tomada de decisões consciente.

O ambiente em que vivemos e as pessoas com quem interagimos moldam nossas escolhas de maneira significativa através de estímulos e impulsos.

Ao criar um espaço favorável e cercar-nos de influências positivas, podemos facilitar decisões mais conscientes que nos aproximem de nossos objetivos e valores.

CAPÍTULO 11: AUTOCUIDADO

A Base para Decisões Saudáveis

O Que é Autocuidado?

Autocuidado refere-se a qualquer atividade que realizamos para cuidar de nossa saúde física, mental e emocional.

Corpo (Saúde), Mente (Aprender), Coração (Amar), e Espírito (Propósito).

Não se trata apenas de relaxar ou tirar um tempo livre, mas de reconhecer nossas necessidades e priorizá-las.

O autocuidado é fundamental para manter o equilíbrio e a clareza mental, o que, por sua vez, nos capacita a tomar decisões mais conscientes.

O estresse pode afetar drasticamente nossa capacidade de tomar decisões. Em momentos de alta pressão, tendemos a agir impulsivamente ou a evitar decisões difíceis.

Praticar o autocuidado ajuda a gerenciar o estresse, permitindo que pensemos com mais clareza e façamos escolhas mais racionais.

Ao priorizar nosso bem-estar, nos tornamos mais resilientes e aptos a enfrentar os desafios que surgem.

Pense em uma profissional que frequentemente se sentia sobrecarregada e decidiu estabelecer uma rotina de autocuidado, incluindo exercícios físicos regulares e momentos de meditação. Ao fazer isso, notou uma melhoria em sua capacidade de tomar decisões sob pressão, e a sua produtividade aumentou. Conhece alguém assim?

Autocuidado Emocional e Tomada de Decisão

Cuidar da saúde emocional é igualmente importante para a tomada de decisões. Isso envolve reconhecer e validar nossas emoções, permitindo-nos processá-las de forma saudável.

Quando estamos em sintonia com nossas emoções, somos mais capazes de entender como elas afetam nossas escolhas e de agir de forma mais consciente.

Reserve um momento para identificar suas emoções atuais. O que você está sentindo e como isso pode estar influenciando suas decisões?

A Importância do Descanso e da Recuperação

O descanso é um componente essencial do autocuidado. O sono adequado e pausas regulares nos ajudam a recuperar energia e clareza mental.

Quando estamos descansados, somos mais propensos a fazer escolhas que beneficiam nossa saúde e bem-estar.

Ignorar a necessidade de descanso pode levar a decisões precipitadas e ao esgotamento.

Pense em um executivo que costumava trabalhar longas horas e percebeu que sua produtividade e capacidade de tomar decisões estavam diminuindo.

Ao priorizar pausas e garantir um sono de qualidade, ele recuperou sua clareza mental e tornou-se mais eficaz em suas funções.

Eu conheço vários executivos que escolheram esse caminho e estão desfrutando o resultado dessas escolhas.

E conheço alguns executivos que ainda são reféns de suas escolhas do passado. E que precisam revisar suas rotinas.

Trabalhar longas horas, as vezes é necessário, mas não é sinônimo de resultado.

Cultivando Hábitos de Autocuidado

Para incorporar o autocuidado em nossas vidas, é crucial estabelecer hábitos que se encaixem em nossa rotina.

Isso pode incluir atividades como exercícios físicos, alimentação saudável, meditação, praticar esportes, leitura, hobbies ou simplesmente ***passar tempo com pessoas que amamos.***

Eu particularmente gosto muito dessa última opção mencionada. Minha família é a minha melhor válvula de escape e fonte de renovação de energia.

Ao cultivar esses hábitos, criamos um ambiente que favorece o bem-estar e a clareza nas escolhas.

Faça uma lista de hábitos de autocuidado que você gostaria de incorporar em sua rotina. Como você pode começar a implementá-los, e quando pode começar a medir os resultados?

A escolha deve ser acompanhada de ação, caso contrário será apenas mais uma boa intenção.

O autocuidado não é um ato egoísta, mas sim uma forma de empoderamento para viver de maneira mais consciente.

Ao cuidarmos de nós mesmos, aumentamos nossa capacidade de tomar decisões que refletem nossos verdadeiros desejos e necessidades. Isso nos permite viver uma vida mais autêntica e alinhada com nossos valores.

O autocuidado é a base para uma tomada de decisão saudável.

Ao priorizá-lo, criamos um espaço para o bem-estar, a clareza mental e a autoconfiança, que nos capacitam a fazer escolhas que verdadeiramente nos atendem.

CAPÍTULO 12: APRENDIZADO CONTÍNUO

O Alicerce das Nossas Escolhas

A Importância do Aprendizado Contínuo

Aprender não é um evento isolado, mas um processo contínuo ao longo da vida.

O aprendizado contínuo nos capacita a tomar decisões mais informadas, pois nos fornece as ferramentas e o conhecimento necessários para avaliar nossas opções.

Ao nos comprometemos a aprender constantemente, nos tornamos mais adaptáveis e preparados para enfrentar os desafios da vida.

Pense em uma habilidade ou conhecimento que você adquiriu recentemente. Como isso impactou suas escolhas?

Aprendizado a partir de Experiências

Nossas experiências, tanto positivas quanto negativas, são valiosas fontes de aprendizado.

Cada decisão que tomamos traz lições que podemos aplicar em escolhas futuras.

Ao refletirmos sobre o que funcionou e o que não funcionou, somos capazes de ajustar nosso comportamento e nossas estratégias, aumentando nossa sabedoria e capacidade de tomar decisões eficazes.

Pense em um empreendedor que falhou em um projeto e aprendeu a importância de uma pesquisa de mercado adequada.

Ele usou essa lição em um novo empreendimento, resultando em maior sucesso devido à sua preparação.

Abertura para Novas Perspectivas

Estar aberto a novas perspectivas e ideias é crucial para o aprendizado contínuo. Isso envolve escutar outras pessoas, ler sobre diferentes tópicos e buscar experiências variadas.

Essa abertura nos permite considerar diferentes ângulos ao tomar decisões, enriquecendo nosso entendimento e ampliando nossas opções.

Faça esse exercício agora mesmo. Identifique uma área em que você gostaria de expandir seu conhecimento.

Quais passos você pode dar para aprender mais sobre isso?

Aprendizado em Comunidade

O aprendizado muitas vezes é mais eficaz quando ocorre em um ambiente colaborativo.

Participar de grupos, workshops ou cursos pode nos expor a novas ideias e experiências, além de nos conectar com pessoas que compartilham interesses semelhantes.

Essas interações não só ampliam nosso conhecimento, mas também nos inspiram a fazer escolhas mais conscientes.

Quando mudamos para Michigan nos EUA em 2022, minha esposa se juntou a um grupo de mulheres que compartilhavam a mesma experiencia de estar vivendo em um outro país, outra cultura, outro idioma.

"BBNC – Birminghan-Bloomfield Newcomers Club".

Além de acelerar seu processo de aprendizagem com esse grupo, ela também encontrou amigas que a incentivaram a continuar estudando e batalhando com foco no resultado.

Essa rede de apoio ajudou-a a tomar decisões mais alinhadas com seus interesses e paixões, como por exemplo a leitura e a natação.

Reflexão e Avaliação Contínua

A prática regular de reflexão e avaliação de nossas escolhas é fundamental para o aprendizado contínuo.

Ao revisar nossas decisões e seus resultados, podemos identificar padrões e tendências que nos ajudam a melhorar.

Essa autorreflexão deve ser uma parte integrada do nosso processo de tomada de decisão.

Reserve um tempo a cada mês para refletir sobre suas escolhas e o que aprendeu com elas. O que você faria diferente?

O aprendizado contínuo nos empodera a tomar decisões mais informadas e alinhadas com nossos valores.

Quando estamos bem-informados e abertos a novas experiências, nos sentimos mais confiantes em nossas escolhas.

Essa confiança nos ajuda a agir de forma mais decisiva e consciente, promovendo uma vida mais satisfatória.

O aprendizado contínuo é um alicerce essencial para a tomada de decisões eficazes.

Ao abraçar essa jornada de aprendizado, não apenas enriquecemos nossas vidas, mas também nos tornamos mais capazes de fazer escolhas que refletem quem somos e o que desejamos alcançar.

CAPÍTULO 13: VALORES PESSOAIS

O Norte das Nossas Escolhas

A Importância dos Valores Pessoais

Nossos valores pessoais são os princípios e crenças fundamentais que orientam nossas ações e decisões.

Eles formam a base de nossa identidade e influenciam todas as áreas de nossas vidas, desde nossas escolhas diárias até decisões de longo prazo.

Compreender e alinhar nossas escolhas com nossos valores é essencial para viver uma vida autêntica e satisfatória.

Quais são os seus valores mais importantes?

Como eles influenciam suas decisões diárias?

Identificando Seus Valores

Para tomar decisões alinhadas com seus valores, é crucial identificá-los.

Isso pode ser feito por meio de autorreflexão, questionamentos e exercícios de descoberta pessoal.

Pergunte a si mesmo o que realmente importa para você.

Pode ser a família, a carreira, a saúde, a liberdade ou o crescimento pessoal. Essa clareza ajudará a guiar suas escolhas.

Pense em um amigo ou uma amiga que valoriza a liberdade e prioriza escolhas que lhe permitam ter um estilo de vida flexível, como trabalhar remotamente ou viajar. Ao alinhar suas decisões a esse valor, ele ou ela sentirá um nível maior de realização.

O Impacto da Desconexão entre Valores e Decisões

Quando nossas escolhas não estão alinhadas com nossos valores, podemos sentir insatisfação e descontentamento.

Essa desconexão pode levar a sentimento de culpa, ansiedade e arrependimento.

Identificar essas situações é crucial para recalibrar nossas decisões e restaurar um senso de equilíbrio e propósito em nossas vidas.

Pense em uma decisão recente que o deixou insatisfeito.

Essa escolha estava alinhada com seus valores?

O que você poderia ter feito de diferente?

Alinhando Decisões com Valores

Uma vez que você identificou seus valores, é importante usá-los como um guia ao tomar decisões.

Antes de decidir, pergunte a si mesmo se essa escolha está em harmonia com o que você valoriza.

Essa prática não só facilita a tomada de decisões, mas também aumenta a satisfação e a autenticidade em sua vida.

Pense em alguém que trabalhou em uma empresa, e que não compartilhava seus valores de sustentabilidade com os valores da empresa.

Essa pessoa decidiu mudar para uma organização que se alinhava melhor com suas crenças.

Essa escolha não só melhorou sua satisfação no trabalho, mas também o motivou a contribuir mais ativamente para causas que lhe eram caras.

A Revisão dos Valores ao Longo do Tempo

Nossos valores podem evoluir à medida que passamos por novas experiências e aprendemos mais sobre nós mesmos.

É essencial revisar regularmente seus valores e como eles se aplicam a sua vida atual.

Essa prática garante que suas escolhas continuem a refletir quem você é em cada fase de sua jornada.

Reserve um tempo para revisar seus valores.

Eles mudaram?

Suas decisões estão alinhadas com esses valores atuais?

Seus valores moldam as suas escolhas em busca de seus objetivos.

O Poder da Autenticidade nas Decisões

Quando tomamos decisões alinhadas com nossos valores pessoais, vivemos de maneira mais autêntica.

Essa autenticidade nos permite nos conectar de forma mais profunda com nós mesmos e com os outros, promovendo relacionamentos mais significativos e um senso de pertencimento.

Ser fiel a si mesmo é fundamental para a felicidade e a realização.

Alinhar nossas escolhas com nossos valores pessoais é um componente essencial para a tomada de decisões conscientes e autênticas.

Ao compreender e honrar o que realmente importa para nós, podemos viver vidas mais plenas e satisfatórias.

"Não existe certo ou errado, existe ESCOLHAS e CONSEQUENCIAS, e o APRENDIZADO de cada experiência vivida."

Fabio Romero

CAPÍTULO 14: INTELIGENCIA EMOCIONAL

A Influência da Inteligência Emocional

A Relação entre Emoções e Decisões

Nossas emoções desempenham um papel crucial na maneira como tomamos decisões.

Elas podem influenciar nosso julgamento, moldar nossas percepções e nos guiar em direção a escolhas que podem ser tanto benéficas quanto prejudiciais.

Compreender a relação entre emoções e decisões é essencial para desenvolver uma tomada de decisão mais consciente e equilibrada.

A inteligência emocional (IE) refere-se à capacidade de reconhecer, entender e gerenciar nossas próprias emoções e as emoções dos outros.

Desenvolver a IE nos ajuda a tomar decisões mais informadas, pois nos permite responder a situações de forma mais reflexiva, em vez de reativa.

Uma alta IE pode resultar em decisões mais equilibradas e menos impulsivas.

Pense em algum profissional que você conhece, e que possui uma inteligência emocional capaz de perceber quando sua equipe está estressada.

E, em vez de pressionar por resultados imediatos, opta por adotar uma abordagem mais compreensiva, promovendo um ambiente de apoio e colaboração. Sem perder o foco no Resultado.

Reconhecendo Nossas Emoções

O primeiro passo para gerenciar nossas emoções na tomada de decisões é reconhecê-las.

Isso envolve prestar atenção ao que estamos sentindo e entender como essas emoções podem estar influenciando nosso comportamento.

A auto-observação é uma habilidade valiosa que nos permite ser mais conscientes de nossas respostas emocionais.

Tente fazer isso - Durante uma semana, mantenha uma rotina de anotações simples. Registre suas emoções ao longo do dia e observe como elas influenciam suas decisões.

Decisões impulsivas geralmente ocorrem quando estamos dominados por emoções intensas, como raiva, tristeza ou excitação.

Quando tomamos decisões em estados emocionais elevados, podemos agir sem pensar nas consequências, levando a resultados indesejados.

Desenvolver estratégias para gerenciar essas emoções pode ajudar a evitar decisões precipitadas.

A Importância da Reflexão Emocional

Refletir sobre nossas emoções após a tomada de decisões pode fornecer insights valiosos sobre o que funcionou e o que não funcionou.

Essa prática nos ajuda a entender melhor como nossas emoções influenciam nossas escolhas, permitindo ajustar o nosso comportamento no futuro.

Tomando Decisões Conscientes e Equilibradas

Para tomar decisões mais conscientes e equilibradas, é fundamental encontrar um espaço entre a emoção e a ação.

Isso pode ser feito através da prática da calibração emocional, onde damos a nós mesmos tempo para processar nossas emoções antes de agir.

Essa abordagem nos ajuda a responder de forma mais reflexiva e a considerar as consequências de nossas escolhas.

A inteligência emocional é um ativo valioso na tomada de decisões.

Ao desenvolver a capacidade de reconhecer e gerenciar nossas emoções, podemos fazer escolhas mais equilibradas, levando em consideração tanto os aspectos racionais quanto emocionais de nossas vidas.

CAPÍTULO 15: CHAMADO PARA AÇÃO

Transformando Escolhas em Resultados

A Importância da Ação

Tomar uma decisão é apenas o primeiro passo.

A verdadeira mudança ocorre quando essas decisões se transformam em ações.

A ação é o motor que impulsiona nossas escolhas e nos leva em direção aos resultados desejados.

Sem ação, até mesmo as melhores intenções e planos permanecem apenas como sonhos, no plano da intenção.

Portanto, é crucial entender que agir é o que dá vida às nossas escolhas.

Pense em uma decisão que você tomou, mas não seguiu com uma ação. Como isso poderia ter afetado positivamente o seu resultado em busca dos seus objetivos?

Superando a Procrastinação

A procrastinação é um dos maiores obstáculos que enfrentamos ao tentar agir sobre nossas escolhas.

Muitas vezes, sentimos medo ou insegurança em relação à mudança, o que nos impede de dar o próximo passo.

Identificar as causas da procrastinação e desenvolver estratégias para superá-la é essencial para fazer progressos.

Se você deseja iniciar um novo projeto pode se sentir sobrecarregado pela magnitude da tarefa.

Dividir o projeto em etapas menores e definir prazos para cada uma delas pode ajudar a vencer a inércia e facilitar a ação.

A Responsabilidade pelas Nossas Escolhas

Assumir a responsabilidade por nossas escolhas é um passo fundamental para a maturidade e o crescimento pessoal.

Quando reconhecemos que somos responsáveis por nossas decisões e ações, nos tornamos mais proativos em moldar nossas vidas.

Isso implica em aceitar tanto os sucessos quanto os fracassos como parte do nosso aprendizado.

Faça uma lista de decisões que você tomou nos últimos meses.

Para cada uma dessas decisões, reflita sobre como você se sentiu em relação a essa escolha e o que aprendeu com ela.

A Ação como Hábito

A ação não precisa ser uma tarefa monumental. Pequenas ações consistentes podem levar a grandes mudanças ao longo do tempo.

Desenvolver hábitos que incorporem suas escolhas permite que você avance continuamente em direção aos seus objetivos.

A disciplina e a perseverança são essenciais para transformar intenções em realizações.

Celebrando os Resultados

Reconhecer e celebrar os resultados de suas ações, independentemente de quão pequenos sejam, é fundamental para manter a motivação.

Cada passo em direção a um objetivo merece ser celebrado, pois isso reforça o comportamento positivo e incentiva você a continuar agindo.

Após alcançar um objetivo ou completar uma ação significativa, reserve um tempo para reconhecer seu esforço.

O que você aprendeu e como se sente ao olhar para o progresso?

Celebre esse avanço em direção aos seus objetivos.

VOCÊ MERECE!

Se dê de presente algo, sai para jantar com a família e compartilhe que estão celebrando uma vitória.

Encontre a melhor maneira de celebrar suas pequenas vitorias. Pois é a somatória dessas pequenas vitorias que ajudará a alcançar os seus objetivos.

O Impacto das Nossas Escolhas nas Vidas dos Outros

Nossas escolhas não afetam apenas nossas vidas, mas também têm um impacto profundo nas vidas daqueles ao nosso redor.

Ao tomarmos decisões conscientes e agirmos de acordo, temos a capacidade de inspirar e influenciar positivamente os outros.

Esse efeito cascata das nossas escolhas pode criar mudanças significativas em nossas comunidades e no mundo.

A ação é o passo final e essencial na jornada de transformação de escolhas em resultados.

Ao assumir a responsabilidade por nossas decisões e agir de forma consistente, não apenas moldamos nossas vidas, mas também impactamos as vidas dos outros.

O poder das nossas escolhas reside na capacidade de agir, e cada passo que damos nos aproxima de uma vida mais significativa e alinhada com nossos valores.

RESENHA DE FECHAMENTO:

Escolhas, Resultados e Ação

O Ciclo das Escolhas

Ao longo deste livro, exploramos a complexa dinâmica entre escolhas, resultados e ação.

Cada decisão que tomamos, grande ou pequena, cria um ciclo que impacta não apenas nossas vidas, mas também as vidas das pessoas ao nosso redor.

Entender esse ciclo é crucial para navegar pelas diversas situações que enfrentamos e para moldar o futuro que desejamos.

Nossas escolhas definem quem somos e quem aspiramos ser no futuro.

Ao fazer escolhas conscientes, alinhadas com nossos valores e objetivos, criamos um caminho claro para o sucesso e a realização.

A consciência na tomada de decisões é o primeiro passo para construir uma vida significativa.

Como discutido, a ação é o elemento vital que transforma nossas decisões em resultados tangíveis.

Sem ação, as intenções permanecem como meras possibilidades. É por meio da ação que conseguimos avançar, enfrentar desafios e alcançar nossas metas.

Adotar uma abordagem proativa e disciplinada em relação à ação é fundamental para o crescimento pessoal e a realização.

Os resultados de nossas escolhas não são apenas medidas de sucesso pessoal, mas também refletem nosso impacto no mundo.

Cada ação que tomamos, cada escolha que fazemos, cria um efeito dominó que pode influenciar nossa comunidade e além.

Portanto, ao avaliar os resultados de nossas decisões, devemos considerar como eles afetam aqueles que nos cercam.

Uma parte essencial do processo de escolha e ação é a disposição para aprender e crescer a partir das experiências.

Nem todas as escolhas resultarão em sucessos. Algumas podem levar a erros e falhas. No entanto, é precisamente nesses momentos que encontramos as maiores lições.

O aprendizado contínuo é o que nos permite refinar nossas decisões e nos aproximar de nossos objetivos.

Ao encerrarmos este livro, é vital que você se comprometa a aplicar os princípios discutidos.

Reflita sobre suas escolhas, analise os resultados e esteja disposto a agir.

A transformação começa com o reconhecimento do poder que você tem em suas mãos.

Cada dia é uma nova oportunidade para fazer escolhas que alinhem sua vida com seus valores e aspirações.

Faça uma lista de três escolhas que você deseja implementar em sua vida nos próximos dias.

Como você pode transformar essas escolhas em ações concretas?

Considerações Finais

A Arte de Escolher é uma habilidade que pode ser desenvolvida e aprimorada.

Ao tomar decisões conscientes, agir de forma deliberada e aprender com os resultados, você se torna o arquiteto do seu próprio destino.

Que este livro sirva como um guia para ajudá-lo a explorar suas escolhas e a impactar positivamente a sua vida e a vida dos outros.

"Desejo de coração que DEUS abençoe as suas escolhas."

Made in the USA
Coppell, TX
13 December 2024

42352445R00049